DESCRIPTION SOMMAIRE DU CHASTEAU DE VERSAILLES.

A PARIS,

En la Boutique de Charles Savreux.

Chez GUILLAUME DESPREZ au pied de la Tour de Nostre-Dame, du costé de l'Archevesché.

M. DC. LXXIV.

AVEC PRIVILEGE DU ROY.

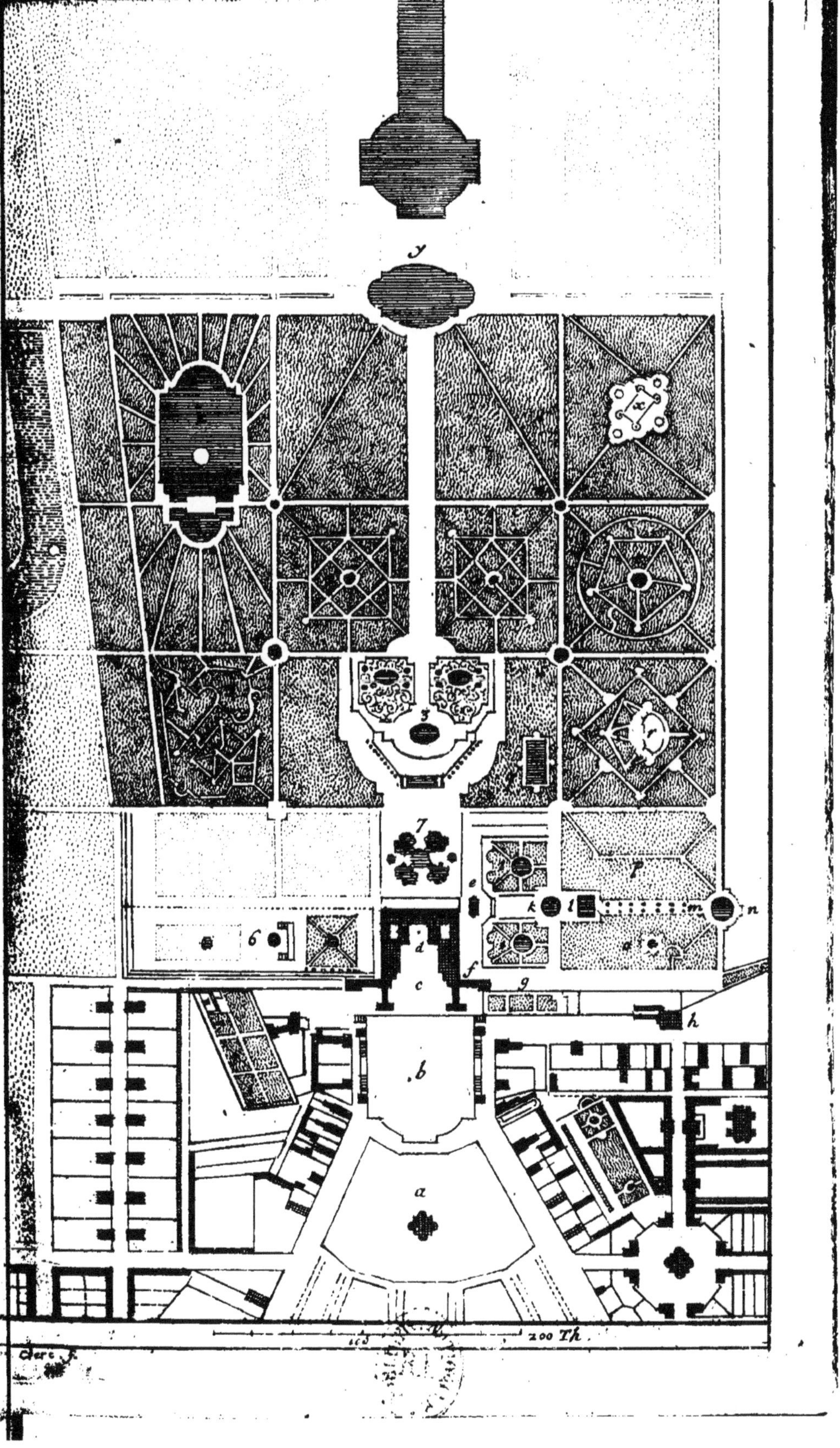

y
z
7
6
e
k
l
m
n
d
c
f
g
h
b
a
200 Th.

PLAN DU CHASTEAU ET DU PETIT PARC DE VERSAILLES.

a *Grande place Royale.*

b *Avant cour du Chaſteau.*

c *Grande cour du Chaſteau.*

d *Petite cour pavée de marbre avec un baſſin au milieu.*

e *Baſſin de la Syrene.*

f *La Grote.*

g *Les Reſervoirs.*

h *La grande Pompe ou la Tour d'eau.*

i *Baſſins de la Couronne.*

k *Fontaine de la Pyramide.*

l *Caſcade de l'allée d'eau,*

m *L'Allée d'eau.*

n *La Fontaine du Dragon.*

o *Fontaine dn Pavillon*

p *L'Allée du Berceau d'eau.*

q *Le Marais.*

r *Le Theatre.*

ſ *Baſſin de Cerés.*

t *Montagne d'eau.*

u *Baſſin de Flore.*

x *La Sale des Feſtins.*

y *Baſſin d'Apollon.*

z *L'Iſle ou la grande Piece.*

1 *Baſſin de Saturne.*

2 *Les Boſquets.*

3 *Baſſin de Latone.*

4 *Baſſin de Bacchus.*

5 *Le Labyrinthe.*

6 *L'Orangerie.*

7 *Le Parterre d'eau.*

DESCRIPTION SOMMAIRE DU CHASTEAU DE VERSAILLES.

NTRE toutes les Maiſons Royales, celle de Verſailles ayant particulierement eu le bon-heur de plaire au Roy, Sa Majeſté commença en l'année 1661. à y faire tra-

A

vailler pour la rendre plus grande & plus logeable qu'elle n'estoit. Car ce Château que Loüis XIII. avoit fait bastir n'estoit composé alors que d'un corps de logis simple, de deux aisles, & de quatre pavillons ; De sorte que pour y loger une Cour aussi grande qu'est aujourd'huy celle du Roy, il a fallu l'augmenter beaucoup. Cependant comme sa Majesté a eu cette pieté pour la memoire du feu Roy son Pere de ne rien abatre de ce qu'il avoit fait bastir, tout ce que l'on y a adjoûté n'empesche point qu'on ne voye l'ancien Palais tel qu'il eſtoit autrefois, excepté que l'on a pavé la cour de marbre, qu'on l'a enrichie de fontaines & de figures, qu'on a orné les encoigneures de volieres, & les faces de balcons dorez; & qu'enfin l'on en a embelly toutes les parties pour répondre en quelque ſorte au reſte des grands baſtimens qu'on y a adjoûtez, & faire que la propreté & la delicateſſe des ornemens fiſt ſupporter ce qu'il y a de trop petit dans l'ancien Baſtiment. Ce qui rend à preſent cette Maiſon ſi magnifique qu'elle est sans doute un des plus beaux lieux qui soit au monde; L'Art ayant non seulement reparé par ses soins les deffauts que la Nature y avoit laissez, mais l'ayant enrichy de tout ce qu'on peut rencontrer de plus rare & de plus beau dans toutes les autres Maisons de plaisance.

Comme celle-cy est aujourd'huy les délices du plus grand Roy de la terre; qu'elle est tous les jours visitée de tout ce qu'il y a de personnes en France, & que les Etrangers & ceux qui ne peuvent pas avoir le plaisir de la voir ſont bien aiſes d'en ouïr raconter les merveilles; Il a eſté trouvé à propos, qu'en attendant que toutes les choſes qui ſont commencées, & auſquelles on travaille ſans ceſſe dans cette Maiſon Royale, ſoient entierement achevées, & donnent lieu d'en faire une deſcription ample & exacte, l'on en commençaſt une, qui bien que bréve & ſommaire, ne laiſſera pas de donner quelque idée de cét agreable ſejour à ceux qui en ſont éloignez. Elle pourra meſme ſervir à beaucoup de perſonnes qui vont la viſiter;

Car en leur faisant observer par ordre une infinité de choses sur lesquelles ordinairement la veuë ne s'arreste pas à cause de la grande quantité d'objets qui dissipent les sens, & qui cependant meritent toutes d'estre considerées en particulier; Ils auront encore moins de peine à s'en souvenir, & à repasser agreablement dans leur esprit ce qu'ils auront veu pour en faire part à leurs amis.

VERSAILLES est composé comme je viens de dire de l'ancien Château que le Roy a trouvé baſty ; des édifices de meſme ſymetrie qu'il y a fait adjoûter pour le rendre plus logeable ; & outre cela d'un grand corps de baſtimens qui l'environne du coſté du Jardin , & dont l'architecture eſt tres magnifique. N'eſtant éloigné de Paris que de quatre petites lieuës, on y peut aller aiſément ſans eſtre obligé de coucher dehors ; ce n'eſt pas qu'un ſeul jour puiſſe ſuffire pour en bien voir toutes les parties ; Cependant ceux qui employent bien l'eſpace d'une grande journée peuvent en parcourir tous les lieux.

La Maison est bastie sur une petite éminence élevée au milieu d'un grand valon entouré de colines. Lors qu'on a descendu celles qui le cachent du costé de Paris, on entre dans une avenuë de quatre rangs d'ormes qui forment trois allées dont celle du milieu à vingt-cinq thoises de large, & les deux autres chacune dix thoises. Cette avenuë qui est d'une grande longueur, se termine devant le Chasteau dans une place qu'on appelle la grande place Royale; au milieu de laquelle il doit y avoir une fontaine, & où aboutiſſent encore des deux autres coſtez deux autres avenuës un peu moins larges que celles dont je viens de parler. Ces trois avenuës font un effet fort agreable quand on les regarde du coſté du Palais. La grande Place à cent quatre-vingts thoiſes de face dans ſa plus grande largeur. Elle eſt environnée avec ſymetrie des Pavillons que les Princes & les Seigneurs de la Cour ont fait baſtir, & du reſte des maiſons particulieres qui forment la nouvelle Ville.

De cette Place l'on monte dans une autre qui est en forme de demy-lune, & qui contient par le haut toute la largeur de la face du logis. Elle fait partie de l'Avant-cour qui depuis le commencement de la demie lune jusques à la grande cour du Chasteau à quatre-vingts cinq thoises de long; & aux quatre coins quatre gros Pavillons qui servent de logement à plusieurs Officiers.

De cette Avant-cour l'on entre dans la grande Cour qui est fermée d'une Balustrade de fer avec deux corps de logis sur les aisles. Ils ont en face chacun un Pavillon avec des Balcons ſoûtenus de Colomnes, & ornez de Statuës. Ces deux grands corps de Baſtimens avec leurs Pavillons ſervent pour les offices, & ont derriere eux des cours & d'autres logemens ſeparez. Joignant ces deux aiſles il y a d'autres corps de logis doubles qui attachent le Chaſteau neuf avec le vieux, & retreſſiſſant le bout de la grande cour, ſe terminent avec beaucoup de grace à la petite qui eſt plus élevée.

Il eſt bon de remarquer d'abord que comme le Soleil eſt la Deviſe du Roy, &

que les Poëtes confondent le Soleil & Apolon, Il n'y a rien dans cette superbe Maison qui n'ait raport à cette divinité; Aussi toutes les figures & les ornemens qu'on y voit n'estant point placez au hazard, ils ont relation, ou au Soleil, ou aux lieux particuliers où ils sont mis. C'est pourquoy comme ces deux aisles de la grande cour sont particulierement destinées aux offices de la Bouche, du Gobelet, de la Penneterie, de la Fruiterie, & des autres Offices de Sa Majesté; Ceux qui ont la conduite de ces grands Ouvrages ont fait repreſenter les quatre Elemens ſur le haut des portiques de ces deux aiſles, puis qu'à l'envy l'un de l'autre ils fourniſſent ces offices de tout ce qu'ils ont de plus exquis pour la nourriture des hommes. Car la Terre donne liberalement ſes animaux, ſes fruits, ſes fleurs & ſes liqueurs. L'Eau fournit les Poiſſons ; L'Air les Oiſeaux ; Et le Feu le moyen d'appreſter la pluſpart de tous ces alimens. Et parce qu'il y a douze Figures ſur chaque balcon, chaque Element à trois Figures qui le repreſentent.

La Terre est figurée par Ceres, Pomone & Flore. Ces trois figures sont sur le balcon à gauche en entrant.

L'Eau est representée par Neptune, Thetis & Galathée qui sont ensuite sur le mesme balcon.

L'Air est representé par Junon, Iris & le Zephire. Ces figures sont sur le balcon à main droite.

Le feu par Vulcain & deux Cyclopes Sterops & Bronte, qui sont ensuite sur le mesme balcon.

Chacun de ces balcons à dix thoises de long, qui est la largeur de chaque Pavillon.

De cette grande cour l'on entre dans la petite cour où l'on monte d'abord par trois marches, & aprés avoir paſſé un large pallier, on monte encore cinq autres marches. Cette cour eſt pavée de marbre blanc & noir avec des bandes d'autre marbre blanc & rouge; Au milieu eſt un Baſſin de fontaine de marbre blanc, avec un groupe de figures de bronze doré.

La face & les aiſles du petit Chaſteau ſont baſties toutes de briques & de pierre de taille; & dans les trumeaux entre les feneſtres,

il y a une infinité de Bustes de marbre sur des consoles de mesme pour la decoration du Palais ; Au devant de la face est un balcon soûtenu par huit colomnes de marbre jaspé de blanc & rouge. Elles sont d'ordre dorique, ayans leurs bases & leurs chapiteaux de marbre blanc. Dans les deux angles des aisles de la face, il y a deux trompes de pierre de taille qui portent deux cabinets environnez de volieres de fer doré, & au dessous deux bassins de marbre blanc en forme de grandes coquilles où sont
de

de jeunes Tritons qui jettent l'eau.

Le corps du logis du milieu à trois ouvertures, dont les portes sont de fer doré. Par ces Portes revêtuës de marbre, on entre dans un vestibule aussi pavé de marbre, il se communique à droit & à gauche à deux appartemens composez d'antichambres, chambres & cabinets.

Aux deux aisles de la petite cour sont deux escaliers de marbre jaspé de rouge & de blanc qui conduisent aux appartemens hauts. Celuy qui est à droit mene d'un costé sur l'aisle à une salle & à une gallerie, & de l'autre costé à plusieurs chambres qui font l'appartement du Roy separé de celuy de la Reine, par un Salon qui occupe le corps de logis du milieu, & d'où l'on va de plein-pied par trois portes sur une grande terrasse qui regarde le Jardin. Cette Terrasse est toute pavée de marbre blãc, noir & rouge, avec un bassin de marbre blanc au milieu, d'où s'éleve presentement un gros jet d'eau où l'on doit mettre un groupe de figures de bronze dorées qui jetteront de l'eau.

Du Chasteau-Neuf.

ON appelle le Chasteau-Neuf ou grand Château tous les corps de logis que le Roy a fait joindre à l'ancien bastiment de Versailles. Ils ont veuë sur le Jardin & sur des cours qui les séparent du petit Château, auquel neanmoins ils sont joints par de grands escaliers qui communiquent aux appartemens hauts.

Le bastiment qui est à main droite & du costé de la Grote est composé par bas de plusieurs pieces de differentes grandeurs.

Lorsque de la grande Cour on a passé sous un portique on rencontre le grand Escalier qui a treize thoises & demie de face sur plus de cinq thoises de large, on peut entrer dans le grand apartement bas par la cour qui est au dela de cét escalier, ou bien par une arcade qui est au bas du mesme escalier, & qui conduit dans un vestibule, qui a veuë sur le jardin comme toutes les autres pieces qui suivent.

De ce Vestibule l'on entre dans un Salon qui doit estre

orné de la meſme maniere que celuy qui eſt en ſuite, lequel eſt peint dans ſes côtez & dans ſon platfond de peintures à Fraiſque. Les differens morceaux d'Architecture qu'on y a repreſentez font paroiſtre ce lieu comme environné de pluſieurs colomnes diverſement ornées, & encores plus grand & plus élevé qu'il n'eſt en effet.

De cette ſale on paſſe dans une autre qui ſert de Veſtibule lors qu'on entre par la cour dans ces appartemens. Le plafond en eſt ſoûtenu par huit colomnes d'ordre

Dorique qui ſont d'un marbre jaſpé de blanc & rouge qui vient de Dinan & du païs de Liege. Les chapiteaux & les baſes ſont d'un autre marbre un peu plus gris, qu'on appelle petite Bréche. Ces huit colomnes ſont diſpoſées en deux rangs, quatre d'un coſté, & quatre d'un autre, & ſéparent le veſtibule en trois parties. Contre les murs & vis à vis les colomnes ſont des pilaſtres de meſme marbre qui portent la corniche qui regne au deſſous du plafond : Et du coſté qui eſt oppoſé aux feneſtres, il y a deux niches pour mettre des figures.

Enſuite de ce veſtibule eſt une autre ſale dont la corniche qui ſoûtient le plafond eſt portée par douze colomnes d'ordre Jonique avec leurs pilaſtres en arriéres corps. Les quatre colomnes qui ſont dans les angles avec les douze pilaſtres ſont d'un marbre blanc & noir, & les huit autres colomnes ſont d'un autre marbre appellé Bréche qui viẽt du coſté des Pyrenées, dont le fond eſt blanc, tacheté de couleurs rouge, noire, violet, bleu, & jaunaſtre.

Les chapiteaux & les bases des colomnes & des pilastres sont d'un beau marbre blanc.

De cette Sale l'on entre dans une autre de mesme grandeur, dont le plafond est de figure octogone. Tout autour sont placez contre les trumeaux des portes & des fenestres douze piédestaux doubles de marbre tres rare, sur lesquels sont douze Figures de jeunes hommes de bronze doré, ayant des aisles au dos qui representent les douze mois de l'année. Les chambranles ou bandeaux des portes & des

des croiſées ſont de marbre de Languedoc couleur de feu & blanc.

A coſté de cette Sale eſt la Chambre, & le Cabinet des Bains. Dans un des côtez de la Chambre il y a quatre colomnes d'un marbre violet avec leurs baſes & chapiteaux de bronze doré. Elles ſervent à ſeparer la place où ſera une table en forme de buffet, ſur laquelle doivent eſtre arrangez tous les vaſes & autres choſes neceſſaires pour les bains.

Le Cabinet eſt comme ſeparé en deux, car la partie où l'on entre d'abord a dix-huit pieds en quarré, & dans le milieu il y aura une grande cuve de marbre; Mais l'autre partie qui fait comme une espece d'Alcove & où l'on monte quelques degrez, n'a que neuf pieds de large sur trois toises de long. C'est là que seront les petites Baignoires de marbre; & au derriere est le reservoir pour les eaux.

Tous ces lieux sont pavez & enrichis de differentes sortes de marbre que le Roy a fait venir de plusieurs endroits de son Royaume, où depuis dix ans l'on a découvert des Carrieres de marbre de toutes ſortes de couleurs & auſſi beaux que ceux que l'on amenoit autrefois de Grece & d'Italie. L'on a obſervé d'employer ceux qui ſont les plus rares & les plus precieux dans les lieux les plus proches de la perſonne du Roy ; De ſorte qu'à meſure qu'on paſſe d'une chambre dans une autre, on y voit plus de richeſſe, ſoit dans les marbres, ſoit dans la ſculpture, ſoit dans les peintures qui embeliſſent les plafonds.

L'on a tenu la meſme conduite dans l'Appartement d'enhaut ; Car lors qu'on a monté l'Escalier qui a deux rampes, l'une à droit & l'autre à gauche, & qu'on est arrivé par la premiere dans le grand paillier, l'on entre dans sept autres pieces de plain-pied qui sont toutes diversement ornées de peintures & de marbres de differentes especes.

La premiere est un Salon qui a cinq thoises & demie de long sur cinq toises de large. Les bandeaux des portes & des fenestres sont de marbre jaspé de blanc & rouge. Les embrasseures des portes & des fenestres, & les lambris qui regnent tout autour ſont de marbre blanc remply par compartimens de marbres rouge & blanc, d'un autre marbre verdaſtre qu'on nomme de Campan, & qui vient des Pyrenées, & d'un marbre blanc & noir.

La ſeconde qui eſt la Sale des Gardes a les bandeaux de ſes portes & de ſes feneſtres d'un marbre qui vient de Bourbonnois, qui eſt meſlé de rouge, de blanc, de noir & de jaune. Les embraſeures & les lambris ſont de pieces de rapport de meſme marbre, & de petite Breche ſur un fond blanc.

La troisiéme est une Antichambre. Le marbre dont sont faits les bandeaux des fenestres & des portes est de celuy qu'on nomme Breche. Les lambris & les embraseures sont aussi de rapport du mesme marbre, & d'un autre de vert qui est sur un marbre blanc.

La quatriéme est une Chambre ornée dans ses portes & dans ses fenestres de marbre vert brun & rouge, avec des taches & veines d'un vert de la couleur des Emeraudes. Les Ouvriers l'appellent vert d'Egypte, quoy qu'il soit aussi tiré des Pyrenées. Les lambris & embraſeures ſont de marbre blanc remply par compartimens d'un autre marbre d'Egypte mais plus rougeaſtre, d'un autre marbre noir & blanc, & d'un beau marbre d'Agathe qui vient de Serancolin & du coſté des Pyrenées.

La cinquiéme qui eſt le grand Cabinet eſt de meſme grandeur que la Chambre. Les bandeaux de ſes portes & de ſes feneſtres ſont d'un marbre noir avec des veines jaunes. On le nomme *Portòro*, & vient auſsi des Pyrenées. Les lambris & embraseures sont de rapport du mesme marbre, de celuy qu'on nomme d'Egypte & de celuy de Serancolin, sur un marbre blanc.

La sixiéme est la petite Chambre à coucher. Tout le marbre dont elle est ornée est de couleur de feu, avec des veines blanches, & se nomme marbre rouge de Languedoc.

La septiéme est le petit Cabinet qui a ses issuës sur la grande Terrasse pavée de marbre dont il a esté parlé cy-devant. Les Chambranles des portes & des feneſtres ſont de marbre vert & rouge, avec des veines blanches qu'on appelle de Campan. Les embraſeures & les lambris ſont du même marbre, de celuy de Languedoc, & de celuy qu'on nomme d'Egypte rapportez par differens compartimens ſur un marbre blanc.

Toutes ces pieces ſont parquetées de menuiſerie; & les portes doivent eſtre de bronze doré travaillées à jour. Les plafonds doivent eſtre enrichis de peintures par les meilleurs Peintres de l'Academie Royale. Et comme le Soleil eſt la devise du Roy, l'on a pris les sept Planettes pour servir de sujet aux Tableaux des sept pieces de cét appartement. De sorte que dans chacune on y doit representer les actions des Heros de l'antiquité, qui auront rapport à chacune des Planetes & aux actions de Sa Majesté. On en voit les Figures symboliques dans les ornemens de sculpture qu'on a faits aux corniches, & dans les plafonds.

De l'autre costé qui regarde l'Orangerie, est un logement semblable à celuy dont je viens de parler. L'Escalier n'est pas si grand que celuy du Roy, parce que la Chappelle qui est tout proche occupe une partie de la place. L'Appartement d'en bas sert à loger Monseigneur le Dauphin. Il est aussi orné de differens tableaux dans les plafonds.

L'Appartement qui est au dessus est le logement de la Reine composé d'un pareil nombre de Chambres que celuy du Roy. Elles sont toutes revestues des mesmes sortes de marbres, mais rapportez & mis les uns dans les autres de differentes manieres: Et les peintures qui ornent les plafonds doivent aussi representer les actions des Heroines de l'antiquité, avec rapport aux sept Planetes.

Lors que l'on a consideré tous ces differens Logemens, l'on peut sortir du Chasteau par le Vestibule qui regarde le milieu de la petite cour, & en passant sous les Galeries voûtées se rendre sur la grande Terrasse qui est dans le Jardin à la face de tout le Palais. Elle contient cinquante toises de long sur douze toises de large. Mais avant que d'entrer plus avant dans les Jardins & dans le petit Parc; Cette grande face de baſtiment qui regarde le Parterre d'eau, & les deux coſtez qui font l'enceinte du Château meritent bien d'eſtre conſiderez, tant pour la grandeur majeſtueuſe de toute cette maſſe, que pour la beauté des pierres dont elle eſt baſtie le ſoin qu'on a pris à les bien tailler, & le choix qu'on a fait des Figures & des ornemens qui l'embeliſſent.

Dessein des Figures & Basreliefs qui ornent les trois Façades du Chasteau de Versailles du costé des Jardins.

LA Façade principale qui regarde le Parterre d'eau est ornée de trois Avant-corps ou balcons, ayant quatre colomnes chacun, ce qui a donné lieu d'y mettre douze Figures; Et ce nombre de douze a determiné à y representer les douze Mois de l'année, d'autant plus qu'il convient particulierement au Soleil qui fait le corps de la Devise du Roy. Les Mois de Mars, d'Avril, de May & de Juin sont sur le balcon du Pavillon adroit. Les Mois de Juillet, Aoust, Septembre & Octobre sont sur les balcons du milieu de la terrasse, & les Mois de Novembre, Decembre, Janvier & Février sont sur le balcon du Pavillon à gauche.

Dans les Basreliefs qui ornent les dessus des croisées de cette Façade, sont representez de petits Enfans qui s'occupent à des exercices convenables à chaque Mois & à chaque Saison.

Dans les Clefs de l'Appartement bas l'on y doit repreſenter des teſtes ou maſques d'hommes & de femmes depuis l'enfance juſques à la derniere vieilleſſe; c'eſt à dire depuis douze ans juſques à cent ans ou environ, parce que l'année eſt l'image parfaite de la vie de l'homme.

Du coſté du Jardin à fleurs on a eu eſgard aux choſes que cette face regarde, qui ſont les fleurs de ce meſme Jardin, les fruicts du Jardin de l'Orangerie, & la Sale de la Comedie qui ſera baſtie de de ce coſté-là ; Cela a donné la penſée de mettre ſur le premier Avant-corps ou balcon quatre Figures qui preſident aux fleurs, ſçavoir Flore qui en eſt la Deeſſe ; Le Zephire qui eſt ſon amant, & qui par la douceur de ſon haleine, fait ſortir les fleurs hors de terre au retour du Printemps ; Hyacinte favory du Soleil, & Clytie amante du Soleil, qui ont eſté tous deux convertis en fleurs.

Les Basreliefs qui ſont au deſſous de ces Figures dans l'étenduë de cét endroit de la Façade repreſentent des

Enfans ou petits Amours qui s'occupent à dreſſer des Jardins, à planter & à cultiver des fleurs, & à en faire des guirlandes.

Dans les Clefs des croiſées de l'Appartement ou bas Eſtage, il y aura des teſtes de jeunes garçons & de jeunes filles couronnez de toutes ſortes de fleurs.

Sur l'Avant corps ou balcon oppoſé, & qui eſt à l'autre extremité, ſont quatre Figures qui preſident aux fruicts, ſçavoir Pomone qui eſt la Deeſſe des fruicts, Vertumme qui eſt ſon amant, une des Nymphes Heſperides ayant auprés d'elle un des Orangers chargé d'oranges d'or, & gardé par le Dragon & la Nymphe Amalthée qui tient la corne d'abondance.

Dans les Basreliefs au dessous de ces figures, sont des Enfans qui plantent des arbres, & qui cueillent des fruicts.

Dans les Clefs des croisées de l'estage bas, on verra des testes de jeunes hommes & de jeunes filles couronnez de toutes sortes de fruicts.

Sur l'Avantcorps du milieu qui a rapport à la Comedie, sont quatre Figures representans la Muse Thalie qui preside à la belle Comedie; Momus qui preside à la bouffonnerie; Terpsicore autre Muse qui se mesle de la danse serieuse; & le Dieu Pan qui est l'autheur de la danse grotesque.

Les Basreliefs qui sont au dessus representent des Enfans qui se masquent, qui dansent & qui se divertissent en differentes façons qui conviennent toutes à la Comedie.

A costé de cét Avantcorps il y a deux niches, dans l'une desquelles est une Figure repreſentant la Muſique, & dans l'autre une Figure repreſentant la Danſe, parce que la Muſique & la Danſe ſont les veritables ornemens qui accompagnent la Comedie.

Dans les Clefs des croiſées de l'eſtage bas, on fera des teſtes de Rieurs & de Satyres.

Du coſté de la Grote l'on a eu auſſi égard aux choſes que cette face regarde, qui ſont la Grote, les eaux des Fontaines qui ſont en veuë de cette face, & la Sale des Feſtins qui eſt de ce coſté-là.

Sur l'Avantcorps ou balcon proche la Grote, les quatre Figures qui y sont posées, sont la Nymphe Echo qui fut changée en rocher. Narcisse dont elle estoit amoureuse; Thetis & Galathée qui representent les eaux qui font le principal ornement des grotes.

Dans les Basreliefs sont des Enfans qui se joüent dans les eaux en plusieurs façons differentes.

Dans les Clefs des croisées de l'Appartement bas, on y doit tailler des testes ornées de coquillages, de corail & de roccailles.

Sur l'Avantcorps & balcon oppoſé, les quatre Figures ſont deux Dieux de rivieres, & deux Nymphes de fontaines.

Dans les Basreliefs ſont des Triomphes marins de toutes ſortes de façons.

Dans les Clefs des croiſées de l'Appartement bas, l'on mettra des teſtes de Dieux & de Nymphes de rivieres, ayant les cheveux moüillez & couronnez de joncs & de roſeaux.

Sur l'Avantcorps ou balcon du milieu, les quatre Figures qui y ſont repreſentent Ceres & Bacchus qui president au boire & au manger. Comus qui est le Dieu des festins & des réjoüissances. Et le Genie qui preside à la Joye & aux plaisirs de la bonne chere.

Dans les Basreliefs, sont des Enfans qui font la débauche & qui se divertissent.

Dans les Clefs des croisées de l'Appartement bas, on representera des testes de Silenes, de Bacchantes & de Satyres.

A costé de cét Avantcorps il y a deux niches, dans lesquelles on a mis une Figure de Ganimede & une de la Nymphe

Nymphe Hebé, qui ſont occupez l'un & l'autre à verſer à boire pour les Dieux.

CE QV'IL FAVT OBSERVER dans le petit Parc.

APRES avoir conſideré ce qui regarde le Chaſteau, l'on peut voir les Jardins & ce qui eſt enfermé dans le petit Parc. Mais comme il y a une infinité d'objets qui attirent les yeux de toutes parts, & que l'on ſe trouve ſouvent embaraſſé de quel coſté on doit aller, il eſt bon de ſuivre l'ordre que je vas marquer, afin de voir chaque chose de suite plus commodement, & sans se fatiguer.

Bassin de la Syrene.

L'On peut donc de cette grande Terrasse qui fait le devant du Chasteau & qui le separe d'avec le Parterre, descendre du costé de la Tour d'Eau. D'abord dans la premiere allée l'on rencontre le bassin de la Syrene qui est vis à vis les degrez de la terrasse. Ce bassin à dix-sept toises de long sur dix de large, & par les deux bouts ſe termine en deux demyronds; Il eſt nommé le baſſin de la Syrene à cauſe que la principale figure qui eſt au milieu repreſente une Syrene qui jette l'eau par une groſſe coquille qu'elle tient à ſa bouche, & que ſouſtient un Triton qui eſt aupres d'elle. A coſté de ces deux figures il y a deux Enfans aſſis ſur des Dauphins, le tout de bronze doré & d'un travail admirable.

Grote de Thetis.

DE là on va dans la Grote de Thetis. C'eſt un

massif de pierre de taille rustiquement taillé par dehors, qui a dix toises en quaré; mais qui par dedans est enrichy d'une maniere toute particuliere de diverses sortes de coquilles, de congelations & de toutes les choses convenables à l'embellissement d'une Grotte. Comme l'on a pretendu figurer par cette Grote le Palais de Thetis où le Soleil se retire apres avoir finy sa course, on voit dans la niche du milieu Apollon environné des Nymphes de Thetis, dons les unes luy lavent les pieds, les autres les mains & les autres parfument ses cheveux. Dans les autres niches des costez sont des Chevaux avec des Tritons qui les pensent. Toutes ces figures sont d'une beauté singuliere, & il y a tant de choses dignes d'estre remarquées dans tout ce qui compose cette Grote que cét endroit seul a donné lieu d'en faire une description particuliere.

Reservoirs.

DE la Grote on passe aux Reservoirs d'eau. Il y en a trois de suite. La

Tour d'eau ou la grande Pompe qui eſt plus bas proche l'Eſtang, fournit d'eau à tous ces reſervoirs.

Baſſins de la Couronne.

DEs Reſervoirs l'on deſcend dans un grand Parterre de Gazon. Ce Parterre a dans ſon milieu une allée de dix toiſes de large, qui du baſſin de la Syrene vient rendre à la Fontaine de la Pyramide. Aux deux coſtez de cette allée & au milieu des deux pieces qui composent le parterre, il y a deux baſſins de figure ronde. Dans chacun de ses Bassins est une couronne fermée soûtenuë par des Tritons & des Syrenes le tout de bronze doré. Du milieu de la Couronne & des fleurons dont elle est ornée, il sort unze jets d'eau.

Fontaine de la Pyramide.

LA Fontaine de la Pyramide est ainsi nommée à cause de sa figure ; car le haut est un gros vase qui sort d'un bassin soûtenu par quatre Escrevisses qui servent de consoles posées dans un autre bassin plus large, porté par quatre Dauphins. Ces Dauphins ont la teste sur les bords d'un autre bassin que tiennent quatre jeunes Tritons qui ont une double queuë, & qui posent dans un autre bassin encore plus grand, soûtenu par quatre consoles en forme de pied de Lion, & par quatre grands Tritons qui semblent nager dans le grand bassin, dont les bords sont de pierre, & au niveau de la terre avec un rebord de gazon tout autour. Ce Bassin est de figure quarrée, mais arondie des quatre costez. Il reçoit toute l'eau qui tombe avec abondance & en forme d'une groſſe gerbe, du vaſe qui eſt tout au haut des baſſins d'où elle retombe ſucceſſivement de l'un en l'autre comme par grandes napes, qui forment comme autant de cloches de cryſtal qui s'élargiſſent à meſure qu'elles deſcendent en bas.

Caſcade de l'Allée d'eau.

PROCHE de la Pyramide & à la teſte de l'Allée d'eau qui deſcend à la Fontaine du Dragon, eſt un grand baſſin, dans lequel tombe une nape d'eau qui couvre comme d'un voile d'argent un grand Basrelief de bronze doré où l'on voit des Nymphes qui se baignent. A costé de ce Basrelief il y en a d'autres qui representent des Divinitez, des Eaux & des Enfans. Ceux qui sont en face sont separez par de gros masques qui jettent de l'eau par la bouche, & qui ressemblent à des Faunes ou à des Satyres, dont on ne voit que la teste & les pieds, comme si le reste de leur corps estoit enfermé dans la pierre mesme dont le bassin est revestu.

L'Allée d'Eau.

ENsuite de ce Baſſin & tout le long de l'allée, il y a deux rangs d'autres petits baſſins de fontaines de differentes figures poſez ſur deux bandes de gazon qui ſeparent cette allée en trois, en ſorte qu'outre celle du milieu, il y a encore deux contre-allées. Dans chacun de ces baſſins eſt un groupe de trois Enfans qui portent d'autres baſſins faits en maniere de gueridons : Mais ce qui eſt digne d'eſtre remarqué, eſt l'agreable diſpoſition de tous ces enfans & leurs differentes actions. Car comme de chaque coſté de l'allée il y a ſept groupes de ces enfans diſpoſez d'eſpace en eſpace, les deux premiers de ces groupes que l'on trouve vis à vis l'un de l'autre, repreſentent de jeunes Tritons qui portent de grandes coquilles en forme de baſſin pleines de corail & de divers coquillages.

Les ſeconds ſont trois jeunes Enfans qui portent un baſſin remply de diverſes ſortes de fruits.

Les troiſiémes ſont deux

Amours, & au milieu d'eux une jeune Fille, ils ſoûtiennent enſemble une corbeille pleine de fleurs.

Les quatriémes ſont trois jeunes Enfans qui portent un baſſin remply de fruits, & appuyé ſur le tronc d'un arbre.

Les cinquiémes ſont trois autres Enfans appuyez contre un piedeſtal ſur lequel eſt un baſſin, ils tiennent des tambours de Baſque, des flutes & des flageolets.

Les ſixiémes ſont trois petits Satyres, qui ont ſur leurs teſtes des corbeilles pleines de fruits.

Les septiémes qui sont tout au bas de l'allée, sont de jeunes Thermes, c'est à dire trois figures d'enfans qui n'ont que la moitié du corps au naturel, le reste depuis le ventre en bas se termine en forme de scabellon ou piedestal, que l'on nomme ordinairement Gaine dans ces sortes de figures.

Tous ces divers Enfans sont de bronze doré, de mesme que les fleurs & les fruits dont les bassins & les corbeilles sont remplies; pour le reste il est de bronze. Du milieu de chaque corbeille ou bassin s'éleve un gros jet d'eau qui baigne les fleurs & les fruits, & retombe dans les baſſins où ſont poſez les pieds des enfans. Les tapis de gazon ſont garnis de part & d'autre, depuis un des baſſins juſques à l'autre, de pluſieurs vaſes de cuivre peints & dorez, & remplis de petits arbriſſeaux verts.

Fontaine du Dragon.

AU bas de cette allée il y a un grand baſſin rond qui à pres de vingt toiſes de diametre, au milieu eſt un Dragon qui leve la teſte en haut, & qui par la gueule vomit l'eau d'une grosseur & d'une hauteur surprenante. Quatre Dauphins & quatre Cygnes semblent nager autour de luy. Les Cygnes portent chacun un petit Amour; Il y en a qui sont armez d'arcs & de fléches, & qui paroissent vouloir tirer sur le Dragon; & d'autres qui en ont peur & qui se cachent le visage de leurs mains. Le tout est de bronze doré.

Une des grandes beautez de cette allée, est qu'estant au bas proche la Fontaine du Dragon; & regardant en haut, l'on voit tous ces groupes

pes d'Enfans former une agreable perſpective, dont le point de veuë ſe termine dans cette grande cheute d'eau qui eſt au bout, & qui a encore au deſſus d'elle la Fontaine de la Pyramide, dont l'eau fait des effets admirables. Et de meſme quand on eſt au pied de la Pyramide, l'on conſidere avec plaiſir la Fontaine du Dragon qui termine l'autre extremité de cette meſme allée.

Fontaine du Pavillon.

DE ce Baſſin l'on va dans un petit boſquet qui joint l'Allée d'eau dont je viens de parler du coſté de la Tour d'eau. Au milieu d'un Cabinet de verdure eſt la Fontaine du Pavillon. Elle eſt ainſi nommée à cauſe de quatre jets d'eau qui ſortent de la gueule de quatre Dauphins de bronze, qui ſont aux quatre angles d'un grand baſſin, & qui venant à ſe raſſembler par le haut au gros jet du milieu forment une eſpece de pavillon.

Ces cinq jets ſont accompagnez de quatre autres qui ſortent de quatre vaſes poſez au milieu d'autant de baſſins qui ſont dans les quatre angles du Cabinet. L'eau de ces jets va ſe décharger dans le baſſin du milieu par quatre maſques de bronze qui vomiſſent dans des coquilles.

L'allée du Berceau d'eau.

AU ſortir de ce petit bois l'on entre dans un autre qui eſt à l'opoſite. Au milieu de ce bois eſt une longue allée, agreable par l'ombre & la fraicheur de ses arbres, mais encore plus par une infinité de jets d'eau, qui jalissant des deux costez de derriere une banquete de gazon ornée de vases de porcelaines, font un berceau d'eau sous lequel on se promene sans en estre moüillé. Aux deux bouts de cette allée il y a deux gros vases de porcelaine d'où sortent plusieurs jets d'eau qui terminent la longueur du berceau, & forment comme deux cabinets en pavillon.

Le Marais.

APRES avoir traversé l'allée de la Ceres l'on trouve dans un petit bois le lieu qu'on appelle le Marais. C'est un grand quarré d'eau au milieu duquel est un gros arbre si ingenieusement fait qu'il paroist naturel. De l'extremité de toutes ses branches sort une infinité de jets d'eau qui couvrẽt le Marais. Outre ces jets il y en a encore un grand nombre d'autres qui jalissant des roseaux qui bordent les costez de ce quarré, le font paroistre un veritable marais. Aux quatre coins sont quatre Cygnes dorez qui semblent avoir fait leur nid dans les roseaux, & qui jettent une quantité d'eau considerable. Aux deux bouts de ce quarré d'eau sont deux enfoncemens où l'on monte par des marches de gazon. Au milieu de chacun de ces enfoncemens il y a une grande Table ovale de marbre blãc de douze pieds de long soûtenuë par un piedestal de quatre consoles de marbre jaspé. Sur chaque Table il y a une corbeille de bronze doré remplie de fleurs au naturel de laquelle ſort un gros jet d'eau qui retombe dedans & s'y perd ſans moüiller la table. En ſorte que quand on y mange, on a le plaiſir de voir eſlever cette fontaine au milieu de tous les mets, ſans que l'eau tombe deſſus, n'y qu'on puiſſe en recevoir aucune incommodité. Au milieu des allées des coſtez il y a auſſi des enfoncemens qui ont plus de trois toiſes de profondeur, ſur plus de ſix toiſes d'ouverture; où ſur des marches de gazon ſont elevées de longues Tables de marbre blãc avec trois Gradins au deſſus de marbre blanc & rouge en forme de credence pour ſervir de buffets. Elles ſont portées par quatre conſoles qui finiſſent en pates de lion. De ces Gradins jaliſſent pluſieurs jets d'eau dont la cheute forme des napes qui retombent par caſcades juſques ſur la table ſans la moüiller, l'eau qui en ſort auſſi par divers ajuſtages forme des vaſes, des aiguieres, des verres, & des caraffes qui ſemblent eſtre de cryſtal de roche garnis de vermeil doré.

Le

Le Theatre.

DU Marais l'on entre dans un autre petit bois qui eſt vis à vis, ou par des allées diſpoſées agreablement on trouve ce qu'on appelle le Theatre. C'eſt une grande place preſque ronde qui à environ vingt-ſix toiſes de diamettre. Elle eſt ſeparée en deux parties. La premiere contient un demy cercle, autour duquel ſont élevez trois marches en forme de ſiege pour ſervir d'Amphiteatre, qui eſt environné d'allées couvertes d'ormes sur le devant, & de palissades de charmes derriere. L'autre partie qui est élevée d'environ trois à quatre pieds, est le Theatre. Il s'éleve dans le fond par un petit talus de gazon qui laisse des passages pour les Acteurs ; Et dans la palissade qui l'environne il y a quatre grandes niches remplies de bassins de fontaines rustiquement travaillez.

Dans ces bassins il y en a d'autres plus élevez où sont assis des Enfans qui se joüent, les uns avec un Cygne, les auttes tiennent un Griffon, les autres une Escreviſſe, & les autres une Lyre, le tout de bronze, & d'où ſort de l'eau en abondance. Entre ces quatre niches ſont trois allées qui s'enfonçent dans le bois, & forment trois perſpectives d'une beauté toute nouvelle. Car le milieu de chaque allée eſt comme un canal de quatre à cinq toiſes de large, reveſtu des deux coſtez de divers coquillages, avec un glacis de gazon qui borde les deux contre-allées qui ſont terminées d'un coſté par des paliſſades de charmes, & de l'autre le long du canal, par de petits arbriſseaux verds, avec des pots de porcelaines pleins de diverses fleurs d'espace en espace. Ces canaux ne sont pas remplis d'une eau tranquille & paisible ; ce sont plusieurs cascades qui tombent les unes dans les autres, & qui tirent leur source d'un grand bassin de coquillages élevé sur trois autres au bout du canal. L'eau qui en sort par grandes nappes, vient enfin jusques sur le derriere du Theatre, où aprés avoir passé par des coulettes, elle finit dans trois bassins qui sont vis à vis de ces longues cascades.

Il y a encore aux deux costez du Theatre joignant l'Amphitheatre deux bassins, d'où s'élevent deux lances d'eau ; Et du bord du Theatre tombent deux grandes napes d'eau l'une sur l'autre, qui le separent de l'orchestre. Mais ce qui est le plus surprenant est la quantité des jets d'eau qui s'élevent du milieu de ces canaux & des costez des allées, lesquels forment une infinité de figures d'eau toutes differentes. Car tantost chaque canal paroist une longue allée d'eau en forme de berceau, ornée de plusieurs gros jets d'espace en espace; Tantost ce sont comme plusieurs palissades de lances de crystal qui separent les canaux & les allées en plusieurs autres allées ; Tantost ce sont des grilles d'eau accompagnées de petits chandeliers ; Tantost ce sont des aigrettes qui s'élevent à la hauteur des arbres. Enfin l'eau jallit de ces lieux en si grande abondance, & en tant de manieres differentes, qu'il est impossible d'en pouvoir comprendre les divers effets qu'en les voyant.

Lors qu'on sort de ce lieu, on trouve en face une fontaine vis à vis l'entrée du Theatre, & enfoncée dans la paliſſade de l'allée qui y conduit. Il y a un Amour de bronze aſſis ſur un Dauphin; Il ſemble vouloir tirer une fléche du carcois qui eſt ſur ſes eſpaules, & au lieu de fléche il en ſort un gros jet d'eau. Le Dauphin qui le porte verſe de l'eau en abondãce dans trois coquilles de brõze, d'où elle ſe répend en quatre autres ſemblables, & enſuite dans deux grands baſſins faits de coquillages tres rares, & d'où s'élevent quatre jets d'eau.

Bassin de Ceres.

EN sortant de ce bois l'on trouve un autre grand bassin qui separe l'allée de la Ceres d'avec l'allée de traverse. C'est le Bassin de Ceres, l'un des quatre qui environnent les bosquets & ou sous differentes figures on doit representer les quatre Saisons. Le Printemps par Flore, l'Esté par Ceres, l'Automne par Bacchus, & l'Hyver par Saturne.

Montagne d'Eau.

AU delà de l'alleé de traverſe & du meſme coſté que le Theatre, il y a un autre petit bois qui conduit a la Montagne d'eau; Il eſt diviſé par pluſieurs allées qui font differentes figures. Il y en a cinq qui aboutiſſent à un meſme centre. Elles ſont bordées des des deux coſtez d'un treillis qui ſouſtient une paliſſade de Chevrefeuille. Ce treillis eſt diſpoſé d'une maniere toute particuliere, il y a des niches d'eſpace en espace, & une corniche par le haut sur laquelle on voit infinité de pots de porcelaine remplis de diverses fleurs qui font un effet admirable contre les grands arbres qui leur servent de fond.

Du bas de chaque niche s'éleve un jet d'eau ; & tout le long de la palissade il y a de chaque costé des coulettes, ou petis canaux bordez de gazon & de coquillage, avec des petites cheutes ou boüillons d'eau.

Le lieu où ces allées se terminent, est une espece de Salon de figure ronde paliſſadé & orné comme les allées. Entre chaque allée il y a une niche recouverte par enhaut avec une eſpece de fronton ; Et au milieu du Salon un grand baſſin de fontaine où retombe l'eau, qui en jaliſſant forme comme une groſſe Montagne. Cette eau qui ſe repend du baſſin par cinq differens endroits vis a vis des allées, forme cinq grandes napes qui tombent au pied du baſſin. De ce ſalon l'on voit au bout de chaque allée une niche dans laquelle il y a des baſſins reveſtus de diverſes coquilles, & d'où ſortent des jets d'eau du milieu de plusieurs pointes de rochers & de coquillages. Ces niches sont palissadées de Chevrefeüille & disposées de mesme que le Salon, ayant encore devant elles, chacune deux autres fontaines dans les coins des cinq allées qui conduisent à la Montagne.

Bassin de Flore.

AU sortir de ce lieu on trouve un autre bassin d'eau dans la mesme allée de Ceres, & dans l'endroit où elle est croisée par un autre allée de traverſe : on l'appelle le Baſſin de Flore.

La Salle des Feſtins.

DANS l'autre bois qui ſuit celuy de la Montagne eſt le lieu qu'on nomme la Salle des feſtins. C'eſt une place d'une fort grande eſtenduë environnée d'arbres, & reveſtuë tout au tour de gaſon. Sa figure eſt plus longue que large ; Elle a cinquante-cinq toiſes de longueur, ſur quarante de large. Le milieu eſt comme une Iſle fermée d'un foſſé d'eau, avec des ponts qui avançent & reculēt d'une maniere toute particuliere. Il y a en quatre endroits de la place qui environne l'Isle quatre bassins d'eau, & quatre autres aux quatre coins de l'Isle. De ces bassins & de plusieurs endroits des fossez il sort 73. jets d'eau.

Bassin d'Apollon.

DE ce bois l'on va gagner la grande allée du bas du petit Parc, au milieu de laquelle, & vis à vis l'allée Royale qui est la grande allée du milieu, est le bassin d'Apollon. Il est representé dans un chariot tiré par quatre chevaux, & environné de quatre Tritons & de quatre Baleines le tout de Bronze. Ce baſſin eſt un quarré long arondi dans chaque face. Il a ſoixante toiſes en un ſens, & quarante-cinq toiſes de l'autre. De là on voit un autre baſſin qui fait la teſte du grand Canal; mais avant que d'y aller il faut voir le reſte du petit Parc.

L'Iſle.

EN remontant vers le Chaſteau ſur la main droite, entre l'alléeRoyale &

l'allée de Bacchus on trouve la grande piece d'eau, ou l'Isle qui a plus de cent trente toises de long, sur plus de soixante toises de large.

Bassin de Saturne.

PROCHE de là, entre l'allée de Bacchus, qu'on appelloit l'allée des cinq Jets, & celle de traverse, est un autre bassin de fontaine qu'on nomme le Bassin de Saturne.

Les Bosquets.

DE ce bassin l'on peut entrer dans les deux

Bosquets.

Bosquets. Ils sont separez par la grãde allée du milieu, & sont composez par compartimens de plusieurs petites allées & cabinets. Au milieu de chaque bosquet il y a un bassin de Fontaine, d'où s'éleve un piédestal qui porte un autre bassin dõt les bords sont de pierres congelées de differentes couleurs. L'eau qui sort du milieu de ce bassin par la bouche d'un gros Masque de bronze doré retombe par napes déchirées le long de ces differentes pierres dans le bassin d'enbas. Et c'est aux quatre coins de ces deux bosquets que sont les bassins des quatre Saisons dont j'ay parlé.

Bassin de Latone.

AU dessus de ces Bosquets en montant vers le Chasteau il y a deux grandes pieces de gazon qui sont renfermées entre deux rampes qui forment le Fer à cheval ou demylune qui est en face du Chasteau. C'est dans ce grand espace qu'enferme le Fer à cheval qu'est le bassin de Latone. Elle est de marbre blanc avec ses deux Enfans aupres d'elle. L'on voit autour d'eux des

Païſans & des Païſanes changez en grenoüilles de differentes manieres. Ces figures ſont de bronze de meſme que vingt-quatre Grenoüilles qui environnēt les bords du baſſin, & qui toutes jettent de l'eau en tres grande abondance. Il y a au milieu de chacune des pieces de gazon, deux autres baſſins de fontaine où ſont de jeunes Païſans auſſi demy grenoüilles qui jettent de l'eau, & autour de ces baſſins il y a des Lezards & des Tortuës, le tout de bronze.

Baßin de Bacchus.

DANS la meſme allée de traverſe qui eſt au bas de ces pieces de gazon, & à l'endroit où elle eſt coupée par l'allée qui deſcend, eſt le quatriéme baſſin des Saiſons: qu'on appelle le baſſin de Bacchus, de la meſme grandeur des trois autres.

Le Labyrinthe.

PRES de là eſt le lieu qu'on nomme le Labyrinthe, parce que c'eſt un endroit compoſé d'une infinité de petites allées tellement meſlées les unes dans les autres, qu'il eſt mal aiſé de les ſuivre, & ne ſe pas égarer. Mais ſi l'on ſe trouve embaraſſé par le choix qu'on doit faire de ces differentes routes, l'on eſt agreablement occupé par la quantité des fontaines & des jets d'eau qui s'y rencontrent. On a meſme choiſi pour l'embeliſſement des fontaines, des ſujets qui eſtans moins ſerieux que ceux dont j'ay parlé peuſſent contribuer davantage à donner du plaiſir & de la joye en les considerant. Car on a tiré des Fables anciennes trente-huit sujets tous differens, qu'on a representez sous des Figures si naturelles, & si bien exprimées, qu'il est mal aisé de rien faire de mieux en ce genre là.

La description en seroit trop longue pour estre mise exactement dans un recit aussi sommaire que celuy-cy. On en verra bien-tost une aussi ingenieuse que le sujet le merite, & dont le seul nom de l'Autheur suffiroit pour la rendre recommandable. Je diray seulement icy quelles ſont les Fables qu'on a repreſentées, & en les nommant par ordre, je marqueray le chemin qu'on tient d'ordinaire pour les voir ſucceſſivement les unes aprés les autres, ſans paſſer deux fois par un meſme endroit.

La premiere Fontaine eſt celle du Duc & des Oyſeaux.

La II. Le Cocq & la Perdrix.

La III. Le Cocq & le Renard.

La IV. Le Cocq & le Diament.

La V. Le Chat pendu & les Rats.

La VI. L'Aigle & le Renard.

La VII. Le Geay & les Paons.

La VIII. Le Cocq & le Cocq d'Inde.

La IX. Le Paon & la Pie.

La X. Le Dragon, l'Enclume & la Lime.

La XI. Le Singe & ses petits.

La XII. Le Combat des Animaux.

La XIII. La Poule & les Poussins.

La XIV. Le Renard & la Gruë.

La XV. La Gruë & le Renard.

La XVI. Le Paon & le Rossignol.

La XVII. Le Perroquet & le Singe.

La XVIII. Le Singe Juge.

La XIX. Le Rat & la Grenoüille.

La

La XX. Le Liévre & la Tortuë.

La XXI. Le Loup & la Gruë.

La XXII. Le Milan & les Oyſeaux.

La XXIII. Le Singe Roy.

La XXIV. Le Renard & le Bouc.

La XXV. Le Conſeil des Rats.

La XXVI. Le Singe & le Chat.

La XXVII. Le Renard & les Raiſins.

La XXVIII. L'Aigle, le Lapin & l'Eſcarbot.

La XXIX. Le Loup & le Porc-Eſpic.

La XXX. Le Serpent à pluſieurs teſtes.

La XXXI. Le Souriceau, le Chat, le Cocher.

La XXXII. Le Milan & les Colombes.

La XXXIII. Le Dauphin & le Singe.

La XXXIV. Le Renard & le Corbeau.

La XXXV. Le Cigne & la Gruë.

La XXXVI. Le Loup & la Teſte.

La XXXVII. Le Serpent & le Porc-Eſpic.

La XXXVIII. Les Canes & le petit Barbet ou le Goufre.

Du Labyrinthe on peut aller à l'Orãgerie dont la beauté, & celle des arbres qu'elle contient, meritent une deſcription à part. Enſuite remontant en haut & paſſant par le Jardin des fleurs, l'on voit le Parterre d'eau qui eſt devant le Chaſteau. Il eſt compoſé de cinq grandes pieces & de deux autres, qui toutes enſemble font un compartiment de figures extraordinaires. Lors qu'il ſera achevé l'on y verra une infinité de differents Jets d'eau, avec quantité de Figures qui feront une des plus grandes beautez de cette Maiſon Royale.

DV GRAND PARC.

LE petit Parc dont je viens de parler est environé d'un autre qui est divisé par quantité de routes & de grandes allées bordées de differens arbres. Une des choses les plus considerables qu'on y puisse remarquer est le grand Canal, qui commence au bout du petit Parc vis a vis l'allée Royale, & environ à quarante toises du bassin d'Apollon. Il a trente-deux toises de large sur huit cent toises de long. A la teste de ce Canal est une piece d'eau dont la figure eſt octogone. Il y a quatre coſtez tirez en ligne circulaire & trois autres en ligne droite, le quatriéme ſe joignant au Canal. Cette piece a ſoixante-dix toiſes de diametre; par devant elle ſepare le petit parc d'avec le grand, & la partie oppoſée ſe joint comme j'ay dit au Canal, qui à l'autre extremité, finit par un autre piece d'eau de deux cens toiſes de long ſur cent toiſes de large. Il eſt traverſé dans le milieu par un autre grand Canal large de quarante toiſes, qui d'un coſté conduit à Trianon, & de l'autre costé à la Mesnagerie.

LA MESNAGERIE.

LA Mesnagerie est un lieu où l'on voit tout ce qui peut rendre la vie champestre agreable & divertissante par la nourriture des Animaux de toutes sorte d'especes. Dans une grande cour à main gauche sont les escuries, les estables, les bergeries & tout ce qu'on appelle la bassecour.

Le petit Palais a sa cour particuliere au bout d'une grande avenuë d'arbres. Le principal logement eſt de figure octogone, & ne contient qu'un Salon , qui eſt ſeulement accompagné par le devant de deux petis pavillons, au millieu deſquels eſt une rampe de marches qui conduit à un veſtibule, & en ſuite dans le Salon.

Ce Salon eſt entouré d'une cour auſſi de figure octogone, fermée de grilles de fer qui la ſeparent de ſept autres cours. Ce ſalon eſt auſſi environné d'un balcon d'où l'on voit ces ſept cours qui ſont remplies d'une infinité d'oyſeaux tres rares, & d'une quantité incroyable d'Aninimaux estrangers & sauvages de toutes les especes.

TRIANON.

L'AUTRE Maison qui est à l'opposite au delà du Canal, & à main droite en sortant de Versailles, est Trianon. Ce Palais fut regardé d'abord de tout le monde comme un enchantement : Car n'ayant esté commencé qu'à la fin de l'Hyver, il se trouva fait au Printemps, comme s'il fust sorty de terre avec les fleurs des Jardins qui l'accompagnent, & qui en mesme temps parurent diſpoſez tels qu'ils ſont aujourd'huy, & remplis de toutes ſortes de Fleurs, d'Orangers, & d'arbriſſeaux verts.

L'on pourroit dire de Trianon, que les Graces & les Amours qui forment ce qu'il y a de parfait dans les plus beaux & les plus magnifiques ouvrages de l'Art, & meſme qui donnent l'accompliſſement à ceux de la Nature, ont eſté les ſeuls Architectes de ce lieu, & qu'ils en ont voulu faire leur demeure.

L'on y arrive par une grande allée. Sa face exterieure a

ſoixante-quatre toiſes, avec un enfoncement en forme d'une demy-ovale, de plus de vingt toiſes de long. Au milieu de l'ovale eſt la principale porte de fer avec deux baluſtrades aux coſtez, qui ſe joignent à deux petits pavillons qui ferment l'entrée.

Par cette principale porte on entre dans une cour preſque ovale, eſtant ſeulement quarrée à droit & à gauche par deux corps de logis ſeparez de celuy du milieu, dont l'un ſert pour les Seigneurs, & l'autre eſt le logement ordinaire du Concierge du Chaſteau.

Ces corps de Logis ont chacũ douze toiſes en quarré, & ſont accompagnez de cours ſeparées, & d'autres pavillons qui font les encoignures de toute la face de la Maiſon. Ceux qui vont voir ce Chaſteau entrent ordinairement par la cour du Concierge, d'où l'on paſſe par une porte grillée dans la grande cour ovale. Car celle-cy, outre la principale entrée, a encore quatre ouvertures ou portes de fer, dont deux ſe communiquẽt dans les cours des ailes entre la grande porte & les gros pavillons ; & les deux autres dans le Jardin entre les mesmes pavillons & le principal corps de logis.

Cette cour a plus de vingt toises dans sa longueur, sur quinze toisesde profondeur. Le Chasteau est en face qui a quatorze toises de long, sur six à sept toises de large. Sur l'entablement il y a une balustrade chargée de quantité de vases, & toute la couverture forme une espece d'amortissement, dontle bas est orné de jeunes Amours armez de dards & de fleches, qui chassent apres des Animaux. Au dessus il y a plusieurs vases deporcelaine diſpoſez de degré en degré juſques au faiſte du baſtiment, avec differens oiſeaux repreſentez au naturel. Les Pavillós qui accompagnent le principal corps de logis, ſont embelis de la meſme maniere, & ont rapport au deſſein qu'on a eu de faire un petit Palais d'une conſtruction extraordinaire, & commode pour paſſer quelques heures du jour pendant le chaud de l'Eſté. Car ce Palais n'a qu'un ſeul étage; & lors qu'on a mőté ſept marches pour entrer dans le veſtibule, l'on trouve un Salon dont toutes les murailles sont revestues d'un stuc tres blanc & tres poly avec des ornemẽs d'azur. La Corniche qui regne autour, & le plafonds, sont aussi ornez de diverses figures d'azur sur un fond blanc, le tout travaillé à la maniere des ouvrages qui viennent de la Chine, à quoi les pavez & les lambris se rapportent, étans faits de carreaux de porcelaine.

Ce Salon qui a vingt-deux pieds de long, sur dix-neuf de large, se communique des deux costez a deux Appartemens égaux, qui ſont composez chacun d'une chambre, d'un cabinet où eſt joint une voliere en saillie, & d'une garderobe qui a ſes degagemens. Ces chambres & ces cabinets ſont de meſme que le Salon d'un blanc de ſtuc, mais ornez de differentes manieres.

Tous ces lieux ont leur veuë & leur ſortie ſur un parterre en terraſſe, ou vis a vis des chambres l'on voit quatre Jets d'eau qui jaliſſent fort haut du milieu de quatre baſſins élevez ſur des piedeſtaux.

De ce parterre l'on descend dans un autre jardin qu'on pourroit avec raison nommer le sejour ordinaire du Printemps; car en quelque saison qu'on y aille il est enrichy de toutes sortes de fleurs; & l'air qu'on y respire est toûjours parfumé de celles des Jasmins & des Orangers sous lesquels on se promene. Mais comme dans toutes les diverses saisons on y voit des changemens extraordinaires & surprenans, soit dans la diversité des fleurs, soit mesme dans la disposition du lieu, il faut remettre

remettre à une autre fois à en faire une deſcription plus particuliere, & cependant laiſſer juger à ceux qui verront tous ces beaux lieux, s'il y en a de plus delicieux & de plus agreables.

Extraict du Privilege du Roy.

PAR Lettres Patentes du Roy données à Paris le 13. Septembre 1671. Signées, Par le Roy en son Conseil, LE MENESTREL, & scellées du grand Seau de cire jaune; Il est permis au Sieur FELIBIEN de faire imprimer les Descriptions des Maisons Royales de sa Majesté, & tous les autres Ouvrages qu'il a composez & composera, & ce durant le temps de quinze années consecutives, à commencer du jour qu'ils seront achevez d'imprimer pour la premiere fois; Avec deffenses à tous autres de les imprimer sans son consentement, à peine de *Trois mil livres d'amende*, ainsi qu'il est porté plus au long par lesdites Lettres.

Registré sur le Livre de la Communauté des Imprimeurs & Libraires de Paris, le 8. Decembre 1671. Signé, THIERRY, *Syndic.*

Achevé d'imprimer pour la premiere fois le 30. Decembre 1673.

Les Exemplaires ont esté fournis.

www.ingramcontent.com/pod-product-compliance
Ingram Content Group UK Ltd.
Pitfield, Milton Keynes, MK11 3LW, UK
UKHW021309190726
13839UKWH00007B/563